지은이 에드워드 밀러
뉴욕 파슨스 디자인 학교에서 일러스트레이션을 전공한 뒤, 그림책 작가이자 북 디자이너로 활동하고 있다. 수많은 어린이 책을 쓰고, 그리고, 디자인했다. 현재 뉴욕에 살고 있다. 쓰고 그린 책으로 『초록괴물의 건강밥상 대작전』, 『뽀드득 뽀드득 튼튼한 이』 등이 있고 그린 책으로 『왜 나라마다 시간이 다를까?』, 『분수야, 놀자』, 『머리에서 발끝까지』 등이 있다.

옮긴이 노은정
연세대학교 영어영문학과를 졸업하고 어린이 책을 우리말로 옮기고 있다. 옮긴 책으로 「마법의 시간여행」 시리즈, 「마음과 생각이 크는 책」 시리즈, 「슈퍼 걸스!」 시리즈와 『드래곤 조그』, 『마녀 위니의 엉망진창 휴가』, 『꿈틀꿈틀 왕지렁이』 등이 있다.

지식 다다익선 44
불똥맨, 불이 나면 어떡하죠? — 어린이가 꼭 알아야 할 화재 안전 이야기
에드워드 밀러 글·그림/ 노은정 옮김

1판 1쇄 펴냄—2011년 12월 21일, 1판 4쇄 펴냄—2021년 7월 29일
펴낸이 박상희 편집주간 박지은 편집 김지호 디자인 신현수 펴낸곳 ㈜비룡소
출판등록 1994.3.17. (제16-849호) 주소 06027 서울시 강남구 도산대로1길 62 강남출판문화센터 4층
전화 영업 02)515-2000 팩스 02)515-2007 편집 02)3443-4318,9 홈페이지 www.bir.co.kr
제품명 어린이용 각양장 도서 제조자명 ㈜비룡소 제조국명 대한민국 사용연령 3세 이상

FIREBOY TO THE RESCUE
by Edward Miller

Copyright © 2010 by Edward Miller III
All rights reserved.

Korean Translation Copyright © 2011 by BIR Publishing Co., Ltd.
Korean translation edition is published by arrangement with Holiday House, Inc.,
New York through KCC (Korea Copyright Center Inc.), Seoul.

이 책의 한국어판 저작권은 KCC를 통해 Holiday House, Inc., New York과 독점 계약한
㈜비룡소에 있습니다. 저작권법에 의해 한국 내에서 보호를 받는 저작물이므로
무단 전재와 무단 복제를 금합니다.

ISBN 978-89-491-8250-6 74500 / ISBN 978-89-491-8211-7(세트)

이 책은 어린이 화재 안전
교육을 담당하고 있는
뉴욕 소방서 화재 예방 교육팀에서
내용을 감수해 주었습니다.
깊이 감사드립니다.
—E. M.

불은 우리가 살아가는 데 꼭 필요해.

떡을 노릇노릇 맛있게 구울 때도

침이 꼴깍!

꽁꽁 언 손과 발을 녹일 때도

몸이 사르르!

요리를 할 때도 불은 필요해.

꼬르륵!

생일 케이크에 촛불이 없으면 쓸쓸하겠지? 초를 켜고 소원을 빌지 못한다면 섭섭할걸.

불똥

그런데 말이야……

아무리 고마운 불도 조심하지 않으면 **위험해질 수 있어.**

불에 손가락을 델 수도 있고,

앗, 뜨거!

요리를 태울 수도 있거든.

어이쿠!

옷에 불이 붙으면 어떡하지?

하나, 그대로 멈춰!

펄쩍펄쩍 뛰어 봐야 불은 꺼지지 않아.

둘, 바닥에 엎드려!

눈을 감고 입도 다물어.

셋, 데굴데굴 굴러!

어때? 불이 꺼졌지?

난로
난로는 불에 탈 만한 물건들로부터 적어도 1미터는 떨어뜨려 놓아야 돼. 어른들이 난로를 켜 놓은 것을 깜빡 잊어버린 채 다른 방으로 가거나 잠자려고 하거든 난로를 꺼야 한다고 알려 줘.

전기스탠드
전기스탠드를 오래 켜 두면 전구가 뜨겁게 달아올라서 위험해. 그 위에 옷가지를 걸쳐 놓았다가는 옷이 타서 불이 날 수 있어!

담배
담뱃불도 우습게 보면 안 돼. 담배꽁초에 남은 작은 불씨 때문에 큰불이 날 수도 있거든. 그래서 재떨이는 속이 깊은 걸 써야 해. 불이 번지지 않도록 달이야.

어른들에게 침대에서 담배를 피우면 안 된다고 말해 줘. 담배를 손에 들고 잠이 드는 건 정말 위험한 일이야. 담배는 건강에도 나쁘다는 거 알지?

소방 장비는 왜 필요하지?

불은 언제 어디서나 날 수 있어. 그래서 소방 장비를 잘 갖추는 게 중요해. 혹시 불이 나더라도 소방 장비가 있으면 안전하게 대피할 수 있어.

삑!삑!삑!

연기 감지기·열 감지기
연기나 불길이 피어오르면 요란한 소리를 내서 불이 났다고 알려 줘. 삑삑 울리면 얼른 몸을 피해!

소화기
통에 들어 있는 물이나 화학 약품으로 만든 거품을 뿜어내서 작은 불을 끄는 데 쓰는 소방 장비야.

높은 건물에 불이 나면 어떡하지?

고층 아파트나 백화점 같은 높은 건물에서 불이 났을 때는 어떻게 해야 할까?

비상구

엘리베이터는 타면 안 돼! 전기가 끊겨서 갇힐 수 있거든. 계단을 통해 내려가는 게 안전해. 하지만 허둥대다가 넘어지면 다치니까 난간을 꼭 잡아!

뛰지 말고 침착하게 걸어 내려가!

비상구 →

계단 통로에 연기가 차 있다고? 그럼 수건이나 이불을 물에 적셔서 문틈을 막아. 연기와 불길이 들어오면 숨 쉬기 힘드니까 잘 막아야 해!

비상구
여러분,
날 따라와요!
화재경보기가 울리면 연필을 놓고
선생님 말씀에 따라서 침착하게 움직여.
선생님의 목소리를 잘 들을 수 있게
조용히 하는 것도 잊지 마.
찌르릉!
찌르릉!
찌르릉!
선생님이 너희를 학교 밖에 있는
안전한 곳으로 데려가실 거야.
비상구
여러분,
이쪽이에요!

잠깐!
여기서 끝난 줄 알았지?
한 장 더 넘겨 봐!

너도 화재 안전 지킴이!

● **나를 지켜 줄 화재 안전 수칙, 꼭 기억해요!**

❶ 연기와 불꽃을 발견한다! → ❷ 건물 밖으로 빠져나가 안전한 장소로 몸을 피한다.

❹ 소방관들이 와서 사람들을 구하고 불을 끈다. ← ❸ 119에 전화해 불이 난 장소를 알린다.

소방관들은 소방복을 입고, 산소통 등의 안전 장비를 갖추고서 불을 꺼요.

학교에서 하는 소방 훈련에 열심히 참가하면 불조심하는 방법을 잘 알 수 있어요.

☆ 탈출할 때는 이렇게 해요!
▶ **젖은 수건**으로 코와 입을 막고 천천히 숨을 쉬어요.
▶ 건물을 빠져나가기 힘들면 몸을 낮춰 **바닥**에 엎드려요.
▶ 비상구로 나갈 때는 **문을 닫으면서** 움직여요.
▶ 물건을 챙기려고 늑장 부리면 안 돼요.
▶ 문에서 **뜨거운 열기**가 느껴지면 다른 길을 찾아요.
▶ 연기가 심해서 앞이 잘 보이지 않을 때는 **한쪽 손으로 벽을 짚어 가면서** 움직여요.

☆ 화재 신고 하는 법
❶ 119에 전화를 걸어요.
❷ 내 이름과 불이 난 곳의 주소를 말해요. 주소를 모르면 가까이에 있는 큰 건물을 알려 줘요.
❸ 소방서에서 알았다고 할 때까지 전화를 끊지 말고 기다려요.
• 119 안전신고센터 홈페이지에서도 화재 신고를 할 수 있어요.
http://www.119.go.kr/

● 우리 집의 비상 대피 계획을 세워 봐요!

❶ 집의 평면도를 그려서 불이 날 위험이 높은 곳을 표시해요.
❷ 화재경보기와 연기 감지기, 소화기, 스프링클러가 설치된 곳을 평면도에 표시해요.
❸ 비상구의 위치를 확인하고, 각 방에서 밖으로 나갈 수 있는 통로를 상의해요.
❹ 집을 빠져나온 뒤에 가족들이 모일 장소와 도움을 청할 연락처를 정해요.
❺ 온 가족이 모여 한 달에 한 번씩 정기적으로 대피 훈련을 해요.

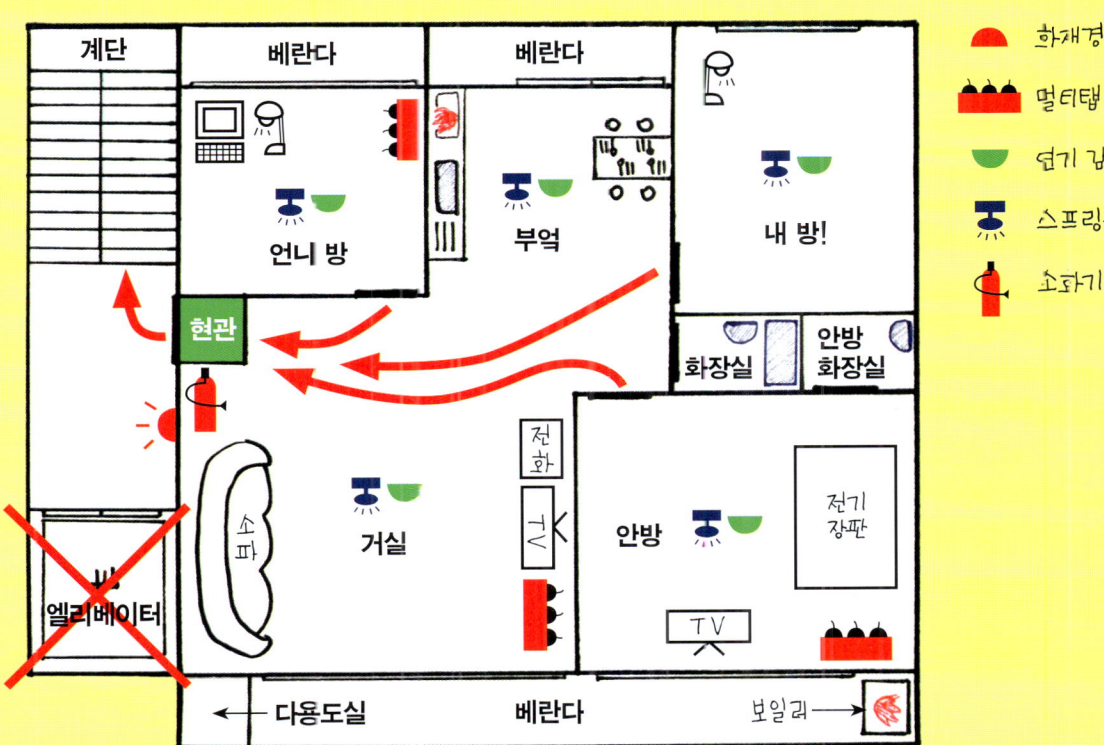

🔥 불조심에 대해서 더 알고 싶나요?

지역 소방서에서 운영하는 체험 교육을 통해 소방 훈련을 해 볼 수 있어요.
- **소방서 어린이 119 안전 교실** 지역 소방서 홈페이지를 찾아보세요.
- **서울특별시 소방재난본부 - 안전체험관** http://safe119.seoul.go.kr/
- **소방 역사 박물관** 서울특별시 동작구 여의대방로20길 33 ☎ 02)2027-4100

※ 11쪽 사진은 에드워드 밀러, 15쪽 사진은 미국 국립 역사 박물관, 34쪽 사진은 연합뉴스에서 제공했습니다.
※ 34~35쪽 내용은 소방 방재청과 서울 소방재난본부에서 제공하는 안전 정보를 참고해 재구성하였습니다.